AF257599

L'ANGLETERRE

CONSIDÉRÉE COMME LA CAUSE

DES

CONQUÊTES DE NAPOLÉON

SUR LE CONTINENT.

L'ANGLETERRE

CONSIDÉRÉE COMME LA CAUSE

DES

CONQUÊTES DE NAPOLÉON

SUR LE CONTINENT;

RÉFLEXIONS ADRESSÉES AUX MEMBRES

DU PARLEMENT.

Traduit de l'Anglais sur la seconde Édition.

« How blid is pride ! What *Eagles* are we still
» In matters that belong to *other men* ;
» What *Beetles* in *our own* ! »

CHAPMAN's *all Fools.*

A PARIS.

1810.

L'ANGLETERRE

Considérée comme la cause des Conquêtes de NAPOLÉON sur le Continent.

DEPUIS que les rênes du Gouvernement Français ont été remises entre les mains de Napoléon, le peuple Anglais, dirigé par des ministres sans prévoyance, a paru faire des vœux pour la continuation de la guerre. Loin d'appliquer à la conduite de notre ennemi les mêmes règles de jugement que nous appliquons à notre propre conduite, les hommes même les plus éclairés se laissent aveugler par la haine. Ils admettent sans hésiter les calomnies les plus invraisemblables qui se répandent contre le Chef des Français, et rejettent sans examen les faits les plus évidens qui tendent à justifier sa politique. C'est avec un vif regret que nous avons vu successivement les divers ministères, excepté celui dont M. Fox était membre, s'occuper à tromper le peuple sur ses vrais intérêts. Tant qu'ils suivront la même marche, tant qu'ils ne feront point d'avances pour obtenir la paix, et qu'ils ne déclareront point quel est le véritable objet de la guerre, on pourra croire qu'ils associent leurs passions particulières aux grands intérêts dont ils sont chargés. Maintenant que le mauvais succès des entreprises formées par nos ministres contre la France, semble ajouter encore à leur animosité, et que le parlement est sur le point d'examiner la sagesse de ces entreprises, d'en couvrir les dépenses, et de délibérer également sur le passé et sur l'avenir, j'ai pensé qu'il serait utile d'offrir à ses regards l'esquisse de la conduite de M. Pitt et de ses successeurs, ainsi que les résultats de cette même conduite, depuis l'élévation de Bonaparte jusqu'à l'époque où nous sommes parvenus.

Dans les faits positifs que je vais raconter, les membres du parlement trouveront la preuve que nos ministres se sont laissés conduire par les préjugés et les passions qu'ils ont eux-mêmes excitées dans l'esprit du peuple ; ils verront que les progrès de l'ennemi sur le continent doivent être attribués au système de guerre que nous avons adopté, et à nos efforts insensés pour l'attirer sur le champ de bataille. Il sera également prouvé que les obstacles à la paix sont notre ouvrage ; qu'il n'existe d'inimitié implacable que parmi nous ; qu'enfin, dans toutes nos communications avec la France, nous avons négligé les premières règles de la sagesse ; et que la position difficile où nous sommes, est le résultat de notre imprudence et de notre folie.

Lorsque, dans l'année 1799, Bonaparte, devenu premier Consul, écrivit au Roi pour lui offrir la paix, la Hollande, la Suisse et le Rhin devaient servir de limites aux conquêtes des Français. Ainsi, la France n'ajoutait à son territoire que les pays situés en-deçà du Rhin. Lord Grenville, alors ministre des affaires étrangères, rejeta ces offres au nom de son souverain; et M. Pitt, premier ministre, employa son éloquence, long-temps toute-puissante dans la chambre des communes, pour leur faire approuver ce refus imprudent. Il représenta le premier Consul comme un homme indigne d'attention, et qui « n'exerçait en France d'autre pouvoir que celui de l'épée. » Il ajouta qu'il existait en France une opposition au Gouvernement, qui deviendrait encore plus formidable par l'attitude militaire et les efforts de la Grande-Bretagne et de ses alliés. Il s'étendit sur les difficultés que Bonaparte trouverait à lever des hommes pour une autre campagne ; et après avoir adressé quelques injures éloquentes à l'homme qui demandait et qui paraissait aimer la paix, il termina son discours, en disant « que même » si, contre toutes les apparences, le succès de la » campagne trompait notre attente, un état de

» guerre serait plus avantageux à la Grande-Bre-
» tagne qu'un état de paix (1). » M. Pitt réussit
complétement, et le refus de la paix fut approuvé
par le parlement et par la nation.

L'Autriche, alliée de l'Angleterre, ayant aussi
rejeté les ouvertures de paix, fut attaquée dans
ses nouvelles conquêtes d'Italie par Napoléon en
personne. La grande bataille de Marengo fixa le
sort de l'Italie ; celle de Hohenlinden fit trembler
l'Autriche pour ses États héréditaires. Forcée par
tant de revers de renoncer à notre alliance, elle
accepta la paix offerte par son heureux adversaire.

Je le demande aux représentans de la nation
Anglaise : la prédiction de M. Pitt, de ce ministre
dont les talens excitaient tant d'orgueil et tant
d'espérances, ne fut-elle pas démentie par l'évé-
nement, et trouvâmes-nous des avantages dans la
continuation de la guerre !

Continuons d'exposer les faits. Quelques diffé-
rences d'opinions s'étant élevées entre M. Pitt et lord
Grenville, ils abandonnèrent l'administration ; et
leurs successeurs, cédant à l'impression causée
par la prompte défaite de nos alliés, négocièrent
la paix avec la France. Cette paix ne fut pas de
longue durée. Mon dessein étant de prouver que

____

(1) *Voyez* le discours de M. Pitt, 3 février 1800.

le Gouvernement Anglais s'est toujours exposé aux plus grands risques, sans raison suffisante et sans objet déclaré, je n'entrerai point dans les discussions qui précédèrent la rupture. Il suffit de savoir que l'Angleterre offrit de reconnaître, comme légitimes, les actes d'usurpation qu'elle accusait la France d'avoir commis pendant la paix, pourvu qu'on lui cédât l'île de Malte, qu'elle aurait dû évacuer, et qu'on s'arrangeât en Italie avec le roi de Sardaigne. La France refusa de céder Malte, offrant toutefois d'entrer en négociation sur quelqu'autre moyen de satisfaire le cabinet de Saint-James. Nos ministres, déterminés à conserver l'île de Malte, rappelèrent leur ambassadeur, et recommencèrent aussitôt les hostilités.

Peu de temps après la rupture, M. Pitt reprit ses fonctions de premier ministre, et parvint à exciter une troisième coalition contre la France. Conformément au traité de la triple alliance entre l'Angleterre, la Russie et l'Autriche, cette dernière puissance fit marcher une armée formidable, qui devait prendre position sur les frontières de la France. Bonaparte vole à sa rencontre, et l'anéantit dans Ulm. La capitale de l'Autriche tombe entre les mains des Français; l'armée Russe est défaite à Austerlitz, et se trouve trop heureuse que le vainqueur lui permette d'abandonner le théâtre de la guerre. Enfin Bonaparte, maintenant Empereur des Français, donne la paix à l'Autriche, lui rend sa capitale et ses provinces, excepté le Tyrol et le territoire Vénitien. Ainsi, ce même homme que M. Pitt avait traité avec tant de hauteur lorsqu'il lui proposait de mettre un terme aux calamités inséparables de la guerre ; cet homme, devenu plus puissant par les obstacles mêmes qu'on lui avait opposés, brise en se jouant la troisième coalition, et se montre supérieur à ses nombreux ennemis.

Représentans de l'Angleterre, je vous le demande encore ; la possession de l'île de Malte pouvait-elle balancer le risque d'asservir l'Europe aux destinées de la France ? Quel nouveau changement dans les affaires politiques du monde pouvait justifier les espérances excitées par la troisième coalition ? Qu'était devenue la sagesse de ce ministre, dont la funeste éloquence vous fit approuver des mesures qui ont produit tant de revers ? Tandis que vous applaudissiez à la prudence de ses desseins, à la grandeur de ses conceptions, le malheureux, atteint d'une maladie incurable, se repentait amèrement de sa folie, et ne trouvait que dans les bras de la mort le repos qu'il avait ôté au monde.

Comme il peut se trouver encore des personnes

qui considèrent la formation de la troisième coalition comme un effort de génie ; et que d'ailleurs il
convient d'appuyer par des preuves la justice des
reproches que je fais à M. Pitt , on me permettra
d'entrer dans quelques détails. M. Pitt avait proposé
des subsides à l'Autriche et à la Russie , sous la condition que ces deux puissances fourniraient un certain
nombre d'hommes : il fut en outre convenu que le
commandement des armées serait confié à des généraux choisis par nos alliés. Les opérations militaires
furent abandonnées à la discrétion de ces mêmes
généraux , et M. Pitt resta tranquille spectateur
des orages que son or avait soulevés. Ses partisans
attribuent les mauvais succès de cette guerre , et
la prompte défection de l'Autriche , à la faiblesse
et à l'imprévoyance du général Mack ; mais quel
est l'homme qui avait consenti à livrer les destinées
de la guerre aux talens du général Mack et à
l'énergie de son maître , si ce n'est M. Pitt ! Si la
situation de l'Europe eût été tellement désespérée
que de nouveaux désastres n'eussent pu la rendre
pire , alors , sans doute , on n'eût point accusé la
sagesse d'un ministre qui aurait cherché toutes
les chances possibles de réduire dans de justes
bornes le pouvoir immense du Gouvernement
Français. Mais la prudence ne s'accorde pas toujours avec le desir ; les maux auxquels on s'expose ,

peuvent être plus grands que les maux qu'on endure, et les moyens de succès peuvent être précaires et insuffisans. Sur quelle espérance raisonnable M. Pitt avait-il armé l'Autriche et la Russie contre la France ? Cette espérance ne pouvait reposer sur des soldats plus braves, plus disciplinés, plus attachés à leur cause, plus animés par l'amour de la gloire, plus dévoués à leur chef que les soldats de Napoléon, ni sur des généraux plus actifs, plus braves et plus heureux que les généraux Français. La Russie va nous dévoiler ce mystère, cette même Russie qui d'abord avait montré quelque répugnance à se joindre à la nouvelle coalition. Dans les papiers officiels communiqués à la chambre des communes après la mort de M. Pitt, nous trouvons que la Russie dit, en s'expliquant avec l'Autriche, que l'armée Française est loin d'être au complet, que les conscrits désertent en foule, que l'Angleterre, en menaçant les côtes de la France, de la Hollande et de l'Allemagne, peut faire une puissante diversion ; que la France ne sera jamais en état d'amener cinq cent mille hommes sur le champ de bataille, et qu'on peut calculer sur une diminution d'un tiers de ce nombre. Elle ajoute que lorsque deux cent cinquante mille Autrichiens seront joints à cent cinquante mille Russes, il y aura peu de disproportion

entre les forces respectives des puissances belligérantes. Ainsi, ce n'était pas même sur la supériorité du nombre que M. Pitt fondait l'espérance
du succès. Il était satisfait, pourvu qu'on lui fournît
des hommes pour son argent; et il imaginait sans
doute qu'aussitôt qu'on les aurait rassemblés sur
le champ de bataille, ils seraient aussi disposés à
verser leur sang dans les combats, qu'il paraissait
disposé lui-même à le voir répandre de sang-froid.
Le génie et le caractère de l'Empereur des Français,
les intérêts et les dispositions de nos alliés et de
nos ennemis, tout fut oublié dans les calculs de ce
ministre tant vanté. Aveuglé par la haine, seule
cause à laquelle on puisse attribuer son imprudence, il oublia que les hommes forcés de marcher
sous les drapeaux de l'Autriche et dela Russie, pouvaient sentir l'oppression de leurs chefs, et n'avoir
que peu d'inclination à venger la querelle de l'Angleterre et à partager ses ressentimens. Il était stipulé,
par le même traité, qu'un certain nombre de troupes
Russes surveillerait les mouvemens de la Prusse,
ce qui prouve qu'on n'avait aucun secours à espérer
de cette puissance. M. Pitt reste donc convaincu
d'avoir manqué de sagesse dans le dernier acte
politique de sa vie, de n'avoir pas su ce qu'il lui
convenait de savoir. On ne peut trouver à sa conduite d'autres motifs que ces mêmes préventions

vulgaires qu'il avait répandues parmi le peuple.
Il est même probable que le souvenir du mépris
qu'il avait montré pour le caractère, la puissance
et les offres du chef des Français, aigrissait encore
la haine de notre orgueilleux ministre.

Sa mort amena lord Grenville et M. Fox sur la
scène. Le secret de l'union de ces deux ministres
n'est connu que de leurs amis. Ils s'étaient jusqu'alors trouvés dans des opinions et dans des rangs
opposés, et ni l'un ni l'autre ne semblait avoir
changé de principes. Lord Grenville fut donc
nommé premier ministre ; le département des
affaires étrangères fut confié à M. Fox ; et leurs
amis, presque égaux en nombre, occupèrent les
autres postes importans dans l'État.

A peine M. Fox fut-il entré dans le ministère,
qu'il trouva l'occasion de prouver sa grandeur
d'ame, en communiquant à l'Empereur Napoléon
un infame projet d'assassinat formé contre sa personne, par l'un de ses propres sujets. Cette conduite généreuse fut suivie d'une réponse, dans
laquelle on déclarait, que, si l'Angleterre était dis-
posée à faire la paix, la France s'y prêterait vo-
lontiers. La réponse franche et civile de M. Fox,
accusait l'insolence impolitique avec laquelle lord
Grenville avait autrefois reçu les ouvertures de paix
de Bonaparte. Les négociations furent entamées ;

mais M. Fox cessa de vivre, et son collègue se trouva le chef commun des deux partis ministériels. Alors la politique apparente de l'Angleterre change de nouveau. Des conditions de paix plus avantageuses que celles du traité d'Amiens, sont rejetées du consentement même des anciens amis de M. Fox. Le négociateur Anglais est rappelé de Paris, et cette nouvelle est reçue aux acclamations de la Bourse et du café de Lloyd. Cependant la Russie, toujours alliée de l'Angleterre, s'avançait au secours de la Prusse, qui, pendant les dernières négociations, avait pris les armes contre la France. Ce mouvement de la Prusse, qu'une confiance aveugle dans ses forces entraînait à sa perte, ne s'accordait que trop avec les vues du premier ministre. La plus faible espérance de succès suffisait pour le séduire, et ce motif contribua sans doute au rappel du négociateur envoyé à Paris par M. Fox. Les amis de ce dernier qui conservèrent leurs places après sa mort, applaudirent à la rupture des négociations. Ils ne rougirent point de sacrifier leurs principes à ceux de leur nouveau chef; ils accusèrent, comme lui, la duplicité du Gouvernement Français, oubliant qu'ils avaient plus d'une fois condamné cette assertion dans la bouche de lord Grenville lui-même et de M. Pitt. Cette partie de la nation Anglaise qui ne se contente point de phrases et de vagues assertions, ne vit dans cette conduite qu'une contradiction manifeste, qu'un desir de rester en place, enfin qu'une nouvelle preuve de l'égoïsme et de la vénalité des hommes à parti. Lorsqu'il fut question, dans la chambre des communes, de soumettre à la discussion les causes de la rupture des négociations, un seul membre du parlement, M. Whitbread, qui n'avait point de place à conserver, eut le courage de soutenir les principes de son ancien ami M. Fox; mais la force de son discours fut beaucoup diminuée par le souvenir de ses amitiés et de ses liaisons particulières avec ceux dont il attaquait les nouvelles opinions. Il s'abstint même de faire contraster leur conduite passée avec leur conduite présente. Cependant, lorsqu'un homme aspire à l'honneur de servir son pays, il faut qu'il sacrifie tout à cette noble ambition. Des considérations personnelles arrêtèrent alors M. Whitbread, tandis qu'il eût pu conquérir une gloire immortelle, en démasquant les traîtres, et en ralliant autour de lui les victimes de la trahison.

Reprenons la suite des faits. A peine lord Morpeth, envoyé en Prusse pour former, comme on le supposa, une quatrième coalition, est-il arrivé à quelques lieues du quartier général du Roi de Prusse, qu'il apprend la nouvelle de la destruction complète de l'armée prussienne, six jours seulement après le commencement des opérations militaires. Les Russes, que les Français victorieux, actifs, infatigables, rencontrèrent sur les bords de la Vistule, soutinrent, pendant le reste de l'hiver, une lutte sanglante; mais lorsque la belle saison fut arrivée, l'armée Française reprit sa supériorité. La Russie fut obligée d'accepter la paix, dictée par le vainqueur; et dans cette occasion, comme dans toutes les autres guerres entreprises à l'instigation de l'Angleterre, le pouvoir de Bonaparte reçut un immense accroissement. Il est étonnant qu'il ne soit jamais entré dans l'esprit de nos ministres, qu'en se montrant toujours aux yeux des Français comme agresseurs et comme ennemis personnels de leur souverain, ils ne faisaient que les réunir en sa faveur, et fortifiaient ainsi le pouvoir qu'ils voulaient détruire.

Membres du parlement Britannique, dites-nous si nous devons nous réjouir de la rupture des négociations entamées par M. Fox! Faut-il que nous mêlions nos cris de joie aux acclamations des agioteurs de la bourse, et des habitués du café Lloyd! ou plutôt ne devons-nous pas gémir d'avoir laissé échapper l'occasion d'arrêter, par une paix honorable, les progrès de nos ennemis!

L'administration formée par l'alliance des amis

de lord Grenville et des anciens partisans de M. Fox,
ne se soutint que pendant quelques mois. Mais
dans sa chute, le caractère réel des hommes qui la
composaient se montra sans déguisement. Il fut
clair pour toute personne raisonnable, que l'amour
du pouvoir était le seul principe qui les avait unis,
et que tout sentiment d'honneur et de patriotisme
était subordonné chez eux à cette passion domi-
nante.

Il se forma donc une autre administration, dont
les membres déclarèrent hautement l'intention où
ils étaient de suivre la route tracée par M. Pitt.
Cette administration et ses partisans ont découvert
et répandu dans le public une nouvelle raison jus-
tificative de leur système de guerre perpétuelle. Ils
prétendent que Bonaparte a résolu de subjuguer
l'Angleterre, comme le principal obstacle à l'empire
universel qu'il se propose d'établir. Les hommes
qui desirent sincèrement la paix, et qui sont accou-
tumés à réfléchir, ne seront point convaincus par
cette simple assertion du gouvernement, sur un
sujet qui touche de si près leurs intérêts et ceux
de l'humanité. Ils demanderont sur quelles preuves
ils doivent croire que Bonaparte soit assez imprudent, pour donner à sa politique un but auquel il
n'a pas les moyens d'atteindre. S'il a manifesté le
desir de subjuguer l'Angleterre, n'avons-nous pas

montré le même desir de subjuguer la France ? et ce plan de conquête ne semble-t-il pas appartenir de préférence au gouvernement qui s'obstine à rejeter tout moyen de conciliation ! Mais il est inutile d'examiner la réalité d'une opinion que ceux mêmes qui la répandent ne sauraient adopter, et qui est jetée au milieu du peuple pour couvrir des passions basses et des animosités particulières. Ils s'efforcent aussi de l'accréditer, pour se justifier des malheurs que leur incorrigible présomption, leur ignorance politique et morale, ont attirés sur leur pays et sur l'Europe. La conduite de Bonaparte a toujours été directement opposée au dessein qu'on lui attribue (1). C'est de lui que sont venues généralement toutes les propositions de paix ; et il n'a jamais refusé de négocier, même au milieu de ses plus brillantes victoires.

Il n'est que trop vrai que les conquêtes de Bonaparte n'ont point d'exemple dans l'histoire moderne, et doivent faire craindre pour l'indépendance des nations voisines de la France ; mais la conquête est

____

(1) Bonaparte a offert cinq fois la paix à l'Angleterre dans l'espace de sept ans. Quatre fois ses offres ont été rejetées. Elles ont été une fois acceptées par l'Angleterre, et de nouveau rejetées, parce que l'Angleterre n'a pu obtenir la Dalmatie pour la Russie. Des ouvertures de paix ont été faites une seule fois par l'Angleterre, et la paix a été conclue.

le résultat de la guerre ; et lorsque, parvenu au suprême pouvoir, il proposa à l'Angleterre et aux autres puissances belligérantes de mettre un terme aux calamités de l'Europe, pourquoi ses propositions furent-elles universellement rejetées ? De quel droit est-il accusé d'ambition et du desir de subjuguer ses ennemis, lorsqu'on le force de ramasser *les pontes* du jeu terrible auquel, malgré sa répugnance, on l'a fait jouer tant de fois ! Que diriez-vous d'un joueur qui, dans des circonstances pareilles, ferait le même reproche à son antagoniste ! Vous ririez de sa folie, si vous n'aviez pitié de ses malheurs.

Nos ministres avancent que le gouvernement Français a déposé la preuve la plus évidente de sa mauvaise foi, dans la réplique qu'il a faite à la réponse de l'Angleterre aux dernières propositions de paix. Comme cette dernière assertion se rapporte sur-tout aux affaires d'Espagne, il devient nécessaire de la discuter, pour démontrer clairement l'injustice et l'imprudence du ministère Britannique. Bonaparte avait proposé à l'Angleterre et à ses alliés, de concourir avec la France et la Russie, pour rendre à l'Europe une paix que tous les peuples desiraient, et dont ils avaient tous besoin. Il rappelait les maux cruels occasionnés par la guerre et par les restrictions imposées au commerce. Le ministre Anglais, fidèle au système de M. Pitt, ne put s'abstenir de montrer dans sa réponse l'irritation d'un petit esprit. Après avoir observé, pour la forme, que la Grande-Bretagne avait toujours desiré la paix, il ajoûta, par manière d'épigramme, que quant aux maux occasionnés par les restrictions du commerce, sa Majesté Britannique les déplorait sans doute ; mais qu'elle trouvait quelque consolation à réfléchir que, de l'aveu de ses ennemis, ces maux ne retombaient que sur ceux mêmes qui avaient entrepris de restreindre le commerce de l'Angleterre. Après cette remarque, qui ne fait honneur ni à l'esprit ni à la politique du ministre, il insiste sur la nécessité d'appeler la junte d'Espagne, formée au nom de Ferdinand VII, comme partie intéressée dans les négociations.

Sur quel principe le ministère Anglais pouvait-il, avant même d'entrer en négociation, s'attendre à une concession de cette importance ! Si l'Angleterre ne s'était jamais servi de son pouvoir que pour l'intérêt de ses alliés ; si elle s'était conduite, pendant le cours de la guerre, avec autant de justice et de désintéressement qu'elle a montré d'égoïsme et de rapacité, une telle prétention eût paru moins déraisonnable. Bonaparte exigeait-il que nos ministres abandonnassent l'Espagne ! Non, il savait que la destinée de ce malheureux pays devait être l'un des sujets de la discussion.

Nous aurions dû imiter son exemple, et entamer les négociations ; nos ministres auraient par-là gagné un temps précieux : ils auraient pu, dans l'intervalle, s'informer de l'état réel des affaires en Espagne, et peut-être ne se seraient-ils pas témérairement engagés dans des expéditions dont le mauvais succès devait amener des conséquences si funestes pour l'Espagne et pour l'Angleterre. Ils auraient pu notifier à la junte, que les négociations ne devaient point l'empêcher de continuer ses préparatifs, et que, relativement à l'Espagne, l'Angleterre était décidée à ne rien céder de ce que les efforts réunis des deux pays pouvaient défendre et conserver. Si notre système politique eût été ainsi réglé sur la connaissance positive des faits et sur la mesure de nos forces, nous aurions pu compter sur des résultats satisfaisans, soit pour la paix, soit pour la guerre. En acceptant de bonne foi les négociations, nos ministres prouvaient à la nation Française, que si la possession de la péninsule devenait indispensable pour empêcher l'Espagne de se livrer à l'Angleterre, cette mesure n'était pas du moins commandée par la haine implacable de notre gouvernement contre la France. Ainsi, nous aurions privé Bonaparte des seuls motifs raisonnables qu'il puisse alléguer à ses peuples pour justifier la conquête de l'Espagne.

(23)

Bonaparte n'occupait pas seulement les forteresses les plus importantes de la péninsule; il était aussi maître des passages et de presque toutes les provinces jusqu'aux bords de l'Èbre. Une partie de la noblesse d'Espagne était aussi entrée dans ses vues. Il avait donc dans ce pays, outre sa force militaire, un certain degré d'influence que nous ne pouvions nous flatter de détruire.

C'était donc sur la considération du pouvoir et des moyens de réussite de Bonaparte, et de nos propres moyens de résistance, que les ministres devaient fonder leur réponse aux nouvelles propositions des deux Empereurs. Mais fidèles disciples de M. Pitt, éblouis par les projets hostiles de l'Autriche, entraînés par les préjugés qu'ils avaient eux-mêmes répandus, ils oublièrent le caractère et la force de leur adversaire; et, dans l'espérance, tant de fois trompée, de résister à sa fortune, ils osèrent encore se mesurer avec lui. Quel fut le résultat de cette conduite insensée! Les ministres Anglais ont dissipé, dans des attaques mal combinées, les forces dont ils auraient pu se prévaloir dans la négociation proposée. Ils ont causé la ruine de plusieurs États, en les précipitant l'un après l'autre dans une lutte inégale; et, après avoir forcé Napoléon d'étendre ses conquêtes, ils lui reprochent une ambition démesurée. Malheureusement leurs fautes retombent sur la nation Anglaise, et sur les victimes de leurs funestes subsides. Par-tout où pénètrent nos guinées, on voit entrer la faiblesse, les désastres et la mort. L'Autriche est hors de combat, l'Espagne nous échappe et tombe d'elle-même.

C'est encore à vous que je m'adresse, membres du parlement Britannique ; dites-nous maintenant si nous devons nous féliciter d'avoir rejeté les dernières ouvertures de paix !

Suivons les partisans de la guerre dans leurs derniers retranchemens. Ils prétendent qu'on ne doit attendre de Napoléon aucune condition de paix honorable et admissible. Où est la preuve de cette assertion ! La déclaration de nos ministres à la Russie nous apprend que les négociations antérieures au traité de Tilsitt ont été rompues, non parce qu'on refusait à l'Angleterre des conditions admissibles, mais parce qu'elle ne pouvait obtenir les avantages exigés pour la Russie. Mais admettons un moment la vérité de l'assertion avancée par les partisans de la guerre ; n'auraient-ils pas dû prévoir la situation où ils se trouvent réduits, lorsqu'ils rejetèrent les premières offres de paix, rejection qui a été la cause première des progrès de l'ennemi sur le continent ! Diront-ils qu'on ne pouvait prévoir les succès prodigieux de

Bonaparte ! Et depuis quand la prévoyance ne forme-t-elle plus une des qualités essentielles de l'homme d'état ! Le passé n'était-il pas le garant de l'avenir ! Fallait-il donc tant de sagacité pour prévoir que le chef des Français, qui avait montré tant d'énergie et d'habileté dans les premières campagnes d'Italie, tant de sagesse dans son gouvernement intérieur, une passion si vive pour la gloire ; que cet homme, dis-je, parvenu à concentrer tous les pouvoirs et toutes les forces d'une nation belliqueuse, ne se manquerait pas à lui-même, et déploierait la même énergie et la même sagesse, si l'imprudence de ses ennemis le forçait à combattre de nouveau pour assurer sa puissance, pour affaiblir ses implacables adversaires, et préparer à la France les plus belles destinées !

Il est vrai que l'immense pouvoir de la France menace l'Angleterre ; mais je ne pense pas que le péril soit imminent. Le Danemarck nous a long-temps offert un modèle de conduite. Avec quelle sagesse le premier ministre Bernstorff n'a-t-il pas gouverné ce royaume dans les circonstances difficiles où l'Europe s'est trouvée ! Il a maintenu l'honneur de son pays, ménagé ses intérêts, et conservé peut-être son existence politique, en repoussant l'or de l'Angleterre et en refusant de se joindre aux coalitions qui se sont brisées successivement contre le pouvoir de la France. Que d'avantages incalculables une politique aussi ferme, une attitude aussi calme, une conduite aussi pure, n'eussent - elles pas assurés à la Grande - Bretagne et même à l'Europe entière ! Quels avantages ne pourrionsnous pas encore en attendre dans notre position insulaire, en employant habilement nos forces maritimes et nos forces intérieures ! Un esprit calme, prévoyant, trouve à l'heure du danger mille ressources qui échappent à l'incertitude et à la violence. Un esprit ainsi préparé cherche ces ressources, nonseulement en lui-même, mais encore dans le caractère de son ennemi. Il cède à l'orage, lorsqu'il ne peut lui résister, et ne consume point en vaines tentatives les moyens de salut qui lui restent : enfin, il ne se laisse aveugler, ni par de fausses espérances, ni par les conseils insidieux de la haine et de la vengeance.

Le gouvernement Anglais n'a vu jusqu'ici le caractère de Napoléon qu'au travers de la haine (1)

____

(1) Un ministre de la Grande-Bretagne a publiquement avoué sa haine personnelle contre l'Empereur des Français. Un roi jaloux de la dignité de sa couronne, et qui desirerait sincèrement le bonheur de son peuple, aurait dû sur-le-champ renvoyer un tel ministre, et prouver ainsi qu'il ne partageait ni sa folie, ni ses ressentimens.

Nous avons lu dans le Moniteur, que Bonaparte offrit à lord

et du préjugé. Il y a quelque chose dans ce caractère étonnant, qui n'a jamais frappé les regards de
nos ministres, un trait qui l'élève au-dessus des
difficultés, qui fera toujours échouer les entreprises
de ses ennemis, et ce trait caractéristique des
grands hommes, c'est l'inébranlable fermeté de
son ame, ou bien, en d'autres termes, c'est le
calme du génie.

L'auteur de ce malheureux système, qui prouve
la vérité de mes remarques, a dit que « notre sort
» avait été jeté dans des temps périlleux. » Il était
de l'intérêt de cet homme de nous faire prendre
l'effet pour la cause, afin que nos calamités fussent
attribuées au malheur des temps, et non le malheur
des temps à son imprévoyance et à ses fautes. Il
voulait nous faire accuser la Providence, des infor-
tunes dont lui - même devait être accusé. Il s'est
retranché, jusqu'à la mort, derrière la destinée. Mais,
si nous voulons éviter de combler la mesure de
nos maux, si nous voulons conserver notre indépendance et nos libertés, il faut renoncer à la politique fausse, insidieuse et perfide, qui jusqu'ici a
dirigé nos conseils; il faut que nous jugions la

____

Lauderdale d'arrêter la marche de ses armées contre la Prusse,
si l'Angleterre voulait faire la paix aux conditions déjà stipulées.
Comparez la conduite de nos ministres à celle du gouvernement
Français, et jugez.

conduite de notre ennemi , et notre propre conduite, par les mêmes règles de raisonnement. Pour
y parvenir, il faut nous supposer placés dans les
mêmes circonstances. Alors , nous connaîtrons à
fond son caractère ; alors , nous éviterons le danger
d'être plus long-temps les dupes de nos soupçons
téméraires et de notre ignorance ; alors , nous
saurons que ce formidable antagoniste possède
des vertus et des qualités qui sont plus à craindre
que son ambition; et , s'il en est temps encore ,
nous pourrons sauver notre constitution , notre
puissance et notre honneur.

F I N.